AF439009

MIRABEAU

AUX

CHAMPS-ÉLISÉES.

COMÉDIE EN UN ACTE ET EN PROSE,

PAR MADAME DE GOUGES,

Représentée à Paris, par les Comédiens Italiens ordinaires du Roi, le 15 Avril 1791, avec changemens, & plusieurs scènes neuves.

Prix, 24 sols.

A PARIS,

Chez GARNÉRY, libraire, rue Serpente, n°. 17.

PERSONNAGES.

MIRABEAU.

J. JACQUES.

VOLTAIRE.

MONTESQUIEU.

FRANKLIN.

HENRI IV.

LOUIS XIV.

DESILLES.

FORTUNÉ, âgé de 12 ans & en habit de garde nationale.

LE CARDINAL D'AMBOISE.

SOLON.

LE DESTIN.

MADAME DESHOULIÈRES.

SÉVIGNÉ.

NINON DE L'ENCLOS.

Une multitude d'ombres des quatre parties du monde.

Chaque acteur doit observer exactement son costume.

PRÉFACE.

JUSQU'A ce moment la littérature eut
des charmes pour moi, aujourd'hui c'eſt
dans les horreurs et les dégoûts de la
compoſition que je dicte ſans ordre cette
préface ; c'eſt à-peu-près ma manière.

J'ai donné au public, avec zèle et confiance, une pièce patriotique. il l'a reçue
avec indulgence ; je la lui préſente aujour-
d'hui imprimée, à-peu-près avec ses mêmes
défauts et le même empreſſement que j'ai
toujours mis dans mes écrits ; je ſais que
ce n'eſt point aſſez pour le ſatisfaire, il
ne ſuffit pas de piquer ſa curioſité, il faut
agacer ſon goût, et c'eſt la coquetterie lit-
téraire qui me manque ; cette coquetterie
diffère entièrement de celle des belles ;
l'une n'a beſoin que de toutes les grâces
de la jeuneſſe, et l'autre au contraire a
beſoin de vieillir dans le travail et l'expérience de l'art.

J'ai préſenté aux Italiens, le 12 de ce
mois, *Mirabeau aux champs-éliſées* ; ſi l'eſtime et l'enthouſiaſme donnoient l'expreſ-
ſion, je n'en trouverois pas d'aſſez forte
pour témoigner à cette ſociété toute ma
reconnoiſſance. Après avoir reçu ma pièce
d'une voix unanime, ils m'annoncèrent

A

qu'ils alloient la mettre à l'étude pour la
jouer vingt-quatre heures après ; j'avoue
que je fus moins étonnée de leur empres-
fement, que je ne le fus de la poffibilité
de leur mémoire ; ils n'avoient qu'une
seule inquiétude, c'étoit le tems que le co-
pifte pouvoit exiger pour livrer les rôles ;
une voix s'éleva : *hé ! pourquoi ne les copierions-
nous pas nous - mêmes !* Auffi - tôt un élan
patriotique embrâfa tous les cœurs, et en
une demie-heure, en ma préfence, chaque
acteur eut copié fon rôle ; ils firent plus,
ils m'obfervèrent plufieurs changemens,
mais le peu de tems qui nous reftoit ne nous
permettoit pas de donner à cette pièce toute
la perfection que nous pouvions mutuelle-
ment défirer. En même-tems que les acteurs
apprenoient la pièce, je crû qu'il étoit
prudent de la foumettre au goût, aux con-
naiffances, d'un *connaiffeur ordinaire* ; car
il faut que je prévienne le public, que j'ai
la manie encore de ne demander des avis
qu'à ceux qui n'en favent guères plus que
moi, et comme cette remarque ne touche
ni à leur probité, ni à leurs mœurs, ils
ne fauroient s'en fâcher. Ainfi donc le con-
feil me fut donné de retrancher aux trois
quarts, le rôle de Louis XIV, en m'affu-
rant que ce caractère feroit mal vû dans
ce moment-ci, parce que je le préfentai du

côté favorable. La comédie italienne s'étant prefcrite d'apprendre cette pièce en vingt-quatre heures, fit de nouvelles coupures à fon tour, et à la repréfentation, mon Louis le Grand étoit bien petit, bien pitoyable, et ma furprife ne fut pas moins grande que celle du public de le voir arriver là, pourquoi faire ? pour dire un mot et entendre des chofes défobligeantes. L'improbation générale à cet égard, juftifie pleinement l'auteur ; mais le public qui n'eft pas inftruit, ne l'accable pas moins en attendant fa juftification ; il falloit opter dans ce moment, fe pendre ou fe juftifier, le dernier m'a paru plus doux, et perfuadée que les Français ne feront pas toujours des bourreaux pour me juger, j'en appelle aujourd'hui à leur juftice.

Toutes les critiques, fur cette pièce, qui, m'ont été faites, étoient juftes, mais peut-être l'ouvrage ne les méritoit pas ; qu'on examine quel a été mon but en faifant paroître Mirabeau aux champs élifées ; c'étoit de rendre hommage à fa mémoire, ce fut là le premier élan de mon coeur, de mon patriotifme ; je ne mis que quatre heures pour compofer cette pièce, et l'on a pu exiger qu'en fi peu de tems, je fis un chef-d'oeuvre de la réunion de tous les grands hommes, que j'eus l'art de les faire parler chacun leur langage, non-feulement comme ils parloient dans leur vie privée, car on ne difconviendra pas que nos plus grands-hommes ont été toujours fimples dans la fociété, mais éloquens, précis, énergiques, tels qu'ils l'ont été dans leurs ouvrages. *Mirabeau fur-tout n'auroit pas mérité les éloges qui lui font dus, s'il s'étoit exprimé comme je l'ai fait parler.* Comme s'il étoit aifé de le faire parler fans puifer fon dialogue dans fes propres écrits, comme s'il étoit aifé de le remplacer à l'affemblée nationale ; Mirabeau, on le fait, quand il n'étoit pas préparé, différoit de tout en tout avec lui-même ; et vous exigeriez, quelque foit le fexe de l'auteur, qu'il eut égalé ce grand-homme dans fes plus beaux momens. Vous ferez fatisfaits ; mon effort ne fera pas bien grand, il s'agit d'adopter des morceaux de fes fublimes difcours à la fubftance de ma pièce ; je crains le disparate, mais vous l'avez voulu. Le paffage qui m'a paru le plus heureufement ajufté à cette pièce, eft l'éloge que Mirabeau a fait fur la mort de Franklin ; c'eft Franklin lui-même qui le préfente aux champs élifées, et qui prononce les mêmes paroles que Mirabeau a prononcé à fon égard à l'affemblée nationale ; tous ceux à qui j'ai fait part de ce changement m'ont affuré qu'il

étoit bien conçu , j'en accepte l'augure.
Mais les femmes ! les femmes ! fi généreufes
pour leur fexe, defquelles on n'a pas ap-
perçu un feul coup de main à la repréfentation de cette pièce ; et mes amis, mes
bons amis ! il faut que je leur dife un mot
puifque me voilà en chemin. Tous atten-
doient mon fuccès ou le craignoient, car
l'amitié de ce tems n'exempte pas de la pe-
tite jaloufie. Les uns, je le fais , ont ap-
plaudi à ce peu de fuccès , les plus défin-
téreffés m'ont vu d'un autre œil : le fenti-
ment de la pitié couvre d'opprobre celui
qui l'excite. Aucun n'a eu la noble géné-
rofité de venir me confoler , et comme fi
j'avois commis des crimes, tous m'ont aban-
donnée : ah! quels amis! ah! rigoureufe épreu-
ve ! non , il n'y en a pas d'auffi sûre que
celle du théâtre : les fuccès couvrent tous
les défauts , même les vices ; une chute les
donne tous, et les vertus difparoiffent.

Ma pièce loin d'échouer a été même
applaudie ; elle a excitée la critique , et
plus encore l'envie, ce qui m'affure qu'elle
n'eft pas fi mauvaife ; mais je n'ai pas de
prôneurs ; mais je n'ai pas la maffe des auteurs qui fe tiennent ordinairement enfemble
pour faire réuffir leurs ouvrages ; feule ,
ifolée , et en but à tant d'inconvéniens ,
comment attendre même un fucc ès mérité

Je fuis d'ailleurs malheureufe , je crois à la fatalité , auffi l'ai-je prouvé par la trans-migration des ames.

Je me fuis , je crois, rendue recommandable à ma patrie ; elle ne fauroit oublier jamais que, dans le tems où elle étoit aux fers, une femme a eu le courage de prendre la plume le premier pour les brifer. J'ai attaqué le defpotifme, l'intrigue des minis-tres, les vices du gouvernement : je refpectai la monarchie et j'embraffai la caufe du peuple ; toutes mes connoiffances alors ont frémi pour moi , mais rien n'a pu ébran-ler ma réfolution ; le talent fans doute ne répondoit pas à ma noble ambition, mais je me fuis montrée ardente patriote ; j'ai facrifié au bien de mon pays , mon repos, mes plaifirs, la majeure partie de ma for-tune , la place même de mon fils , et je n'ai reçu d'autre récompenfe que celle qui eft dans mon coeur ; elle doit m'être chère , elle fait mon bonheur , je n'en ambitionne pas d'autres. Peut-être avois-je droit d'at-tendre une marque de bienveillance de l'as-semblée nationale ; elle qui doit montrer à l'univers l'exemple de l'eftime que l'on doit à tout citoyen qui fe confacre au bien de fon pays , elle ne peut fe diffimuler qu'elle a adopté tous les projets que j'avois offerts dans mes écrits avant fa convocation ; on

dénonce à fon augufte tribunal toutes hos-
tilités , et moi je dénonce fon indifférence
pour moi , à la poftérité. Elle a reçu la
collection de mes ouvrages , chaque membre
en particulier, le feul qui m'a témoigné fa
gratitude, eft l'incomparable Mirabeau lui
feul a eu la grandeur d'ame de m'encou-
rager , de m'élever peut-être au-deffus de
mes talens ; mais cet éloge n'a fait que me
convaincre qu'il rendoit juftice à mes vues,
à mon patriotifme. Je joints ici fa lettre pour
ma juftification.

Verfailles, le 12 feptembre 1789.

Je fuis très-fenfible , madame, à l'envoi que
vous avez bien voulu me faire de votre ouvrage ; jufqu'ici j'avois cru que les grâces
ne fe paroient que de fleurs. Mais une con-
ception facile , une tête forte ont élevé vos
idées , et votre marche auffi rapide que la
révolution eft auffi marquée par des fuccès. Agréez , je vous prie , madame , tous
mes remercîmens , et foyez perfuadée des
fentimens refpectueux avec lefquels j'ai
l'honneur d'être , madame , votre très-
humble et très-obéiffant ferviteur,

LE COMTE DE MIRABEAU.

Les propos injurieux qu'on a répandus
fur mon compte, la noire calomnie que

l'on a employée pour empoifonner tout ce que j'ai fait de méritoire , feroient propres a me donner de l'orgueil , puifqu'il eft vrai qu'on me traite et qu'on me perfécute en grand-homme ; fi je pouvois me le perfuader, je réaliferois le projet que j'ai formé de me retirer entièrement de la fociété , d'aller vivre dans la folitude , étudier nos auteurs , méditer un plan que j'ai conçu en faveur de mon fexe , de mon fexe ingrat ; je connois fes défauts , fes ridicules, mais je fens auffi qu'il peut s'élever un jour ; c'eft à cela que je veux m'attacher. Cet ouvrage eft de longue haleine , et je ne le préfenterai pas du matin au foir ; je veux faire cependant mes adieux comiquement à mes concitoyens ; après avoir mis les morts au théâtre , je veux y mettre les vivans ; je veux me jouer moi-même , ne point faire grâce à mes ridicules pour ne point épargner ceux des autres ; je n'ai pas trouvé de plus vafte plan , ni de plus original que *madame de Gouges aux enfers*. On fe doute aifément que je me trouverai la avec des perfonnages dignes de mon attention et de mon reffentiment ; les comédiens français, par exemple.... mes bons amis.... les bons auteurs qui m'ont reproché impitoyablement leurs fameufes obfervations fur quelques fynonimes , et qui m'ont pillé, volé groſſièrement , comme un certain Labreu qui a eu le front, après avoir eſcroqué à mon fils une pièce des voeux forcés pour le théâtre dont il ſe dit directeur , a eu l'audace de faire mettre ſur l'affiche , par *madame de Gouges et monsieur Labreu.* Celui-là eſt fort ; c'eſt comme ſi les comédiens italiens diſoient avoir fait une pièce , parce que j'ai conſentie aux changemens qu'ils m'ont demandés. Les petites maîtreſſes ariſtocrates , les démagogues , les enragés, en un mot , j'irai aux enfers, *mais je n'irai pas ſeule, et quelqu'un m'y ſuivra.* Je préviens cependant que je ne toucherai aux moeurs , ni à la probité de perſonne , tels ſont mes principes. Il ſeroit fort plaiſant que cette farce me couvrît de gloire , je n'en ferois pas ſurpriſe : mon projet de la caiſſe patriotique , la reſponſabilité des miniſtres , les établiſſemens publics pour les pauvres , le moyen d'occuper aux terres incultes , tous les hommes oiſifs , les impôts ſur les ſpectacles , valets , voitures , chevaux , jeux , afin de les détruire par un impôt exhorbitant ; mon eſclavage des noirs , pièce qui a excité injuſtement la haîne des Colons, mais qui ne prouve pas moins que j'ai écrit la première *dramatiquement* pour l'humanité ; trois volumes encore de mes pièces, pas moins eſti-

mée des gens de goût, ne m'ont pas attiré
un regard général et favorable ; c'eſt bien
là le cas de citer ces vers :

> » Mon Henri quatre & ma Zaïre ,
> » Et mon américaine Alzire ,
> » Ne m'ont valu jamais un ſeul regard du roi;
> » J'avois mille ennemis avec très-peu de gloire.
> » Les honneurs & les biens pleuvent enfin ſur moi
> » Pour une farce de la foire.

P. S. On m'a aſſuré vrai , le bienfait
anonime de Mirabeau ; je n'aſſure pas que
l'enfant ſoit mort , mais il m'a été indis-
penſable de l'égorger pour rendre le trait
de bienfaiſance public.

––––––––––––––

Je n'ai pas fait ſeulement cette pièce pour la capitale , je me ſuis empreſſée de la faire imprimer pour
les provinces avant ſa repriſe à Paris , perſuadée qu'elles
me ſauront bon gré de cet empreſſement ; en outre,
je ſupplie & charge toutes les municipalités du royaume,
d'après le décret de l'aſſemblée nationale , qui rend aux
auteurs leurs propriétés , de prélever ma part & de
la répandre ſur les femmes qui ſe feront diſtinguées
par quelqu'action patriotique , comme celle de Nanci ,
ainſi que toutes celles qui auront le noble courage de
l'imiter.

ENCORE UNE PRÉFACE.

LE lecteur ne manquera pas de dire, cette femme aime bien à préfacer : patience lecteur, je vais tâcher que celle-ci soit du moins utile.

Je serois tentée de croire que la nature a placé en moi le don de prophétie ; si j'avois été fanatique, ah ! combien de miracles j'aurois déjà faits ! Tous mes écrits en pétillent ; on n'y croit pas, parce qu'on les a sous les yeux, mais un jour on les citera. Ce qui m'encourage à revenir à mes miracles patriotiques, c-est que l'athéisme m'assure que, je n'ai point comme Jeanne d'Arcq, à redouter la sainte grillade ; je pourrois peut-être craindre la lanterne nationale, mais on assure que ses nobles fonctions sont suspendues, ainsi je vais user de tous mes droits de citoyenne libre et zélée patriote.

Depuis quinze ans j'ai prévu la révolution, de plus grands politiques l'avoient prévu de plus loin ; M. de Saint - Germain et la reine l'ont au moins dévancée de plus de trente ans, non comme le public l'interprête ; le vieux bonhomme St.-Germain a fait machinalement ses soupçons sur la maison du roi, sans avoir le deſſein de nous être utile ; la reine , en faiſant diſparoître l'étiquette a perdu le reſpect des Français ; j'ai fait jadis une obſervation à ſon égard connue de vingt perſonnes. Il y a à-peu-près quatorze ans que je me trouvai à la porte de la comédie française quand la reine arriva , jeune, élégante, telle qu'on voit nos petites maîtreſſes les plus recherchées ; ſon air , ſon ton enchantoient les yeux ; mais on murmuroit tout bas. Je dis tout haut : *adieu la majeſté royale , un jour cette reine verſera des larmes de ſang ſur ſon inconſéquence* ; le pronoſtic ne s'eſt que trop réaliſé. Mais l'inconſéquence n'eſt pas vice ; elle eſt attachée à la jeuneſſe , et fait ſouvent l'éloge de l'innocence ; une reine doit-elle être exempte de cette innocence ? Les uns diront oui , les autres diront non ; moi je dis que ce qui eſt fait eſt fait , et ne voyons , mes concitoyens , que l'avenir. Je plains d'autant plus la reine , que peut-être elle n'a aucuns reproches à ſe faire de tout ce dont on l'accuſe contre le peuple français ; elle n'a donc pas de vrais amis ! Tous les écrivailleurs ont écrit contre elle, et perſonne n'a pris la plume pour la juſtifier , perſonne n'a eu le noble courage de l'avertir de ce qu'elle doit aux Français , de ce qu'elle ſe doit à elle-même dans un moment comme celui-ci ; ſi il y a un com-

plôt des ariftocrates, des prêtres réfrac-
taires, des prétendus patriotes, c'eft la
reine qui les fufcite, et toujours la
reine. Quoi! toujours le menfonge grof-
fier égarera les hommes, fera triompher
le vice, et mafquera la vérité! Elle eft donc
bien mal entourée, cette reine, qu'il ne
fe trouve pas, dans aucuns perfonnages
de fa cour, affez de force, affez de loyauté
pour lui dire : Madame, tous les efforts de
la nobleffe et du clergé font impuiffans,
la révolution eft décidée; il faut embraf-
fer le nouveau gouvernement avec fes défauts, quand il y en auroit; il faut em-
braffer la caufe du peuple, et vous con-
cilier de nouveau fon amour; il faut éloi-
gner de votre cour tous ceux qui prétendent
à la contre-révolution ; il faut écrire vous-
même au peuple, et fans fortir de la dignité qui convient aux fouverains, une
reine bienfaifante peut un moment def-
cendre du trône pour témoigner à fon
peuple que fon bonheur n'eft affuré qu'autant qu'il eft heureux lui-même, lui déclarer, folemnellement, qu'elle fera la première à défourdir les trâmes qui viendroient
à fa connoiffance, contre le repos public,
et que fa majefté doit encore affurer fon
peuple de démafquer, de pourfuivre,
comme criminel de lèze-nation et lèze-ma-

jeſté , celle , ou celui de ſa cour, qui voudroit , par de fauſſes allarmes, l'induire en erreur. Ses entours ne manqueront pas d'empoiſonner mes obſervations ; mais comme je n'attends rien, que je ne demande rien, et que je ſuis peu propre à faire ma cour au roi, aux citoyens parvenus, je dirai la vérité ſans m'inquiéter ſi elle a bleſſé les oreilles de ceux qui ne l'aime pas. J'en vais dire bien d'autres ; le but ſeul de mes écrits ne tend qu'à la tranquillité publique, au bien général, et c'eſt ainſi que je ſervirai toujours loyalement ma patrie.

Mais que font donc nos nouveaux minisſtres auprès du roi et de la reine, pour n'avoir pas prévenu de semblables observations ? pour n'avoir pas cherché à épurer cette cour qui conſerve encore des vieilles chimères ? et ces chimères loin de lui rendre ſon premier éclat, la font baiſſer tous les jours d'un luſtre ? quels charmes a-t-elle donc cette cour , pour qu'au bout de trois mois au plus, toutes les têtes y tournent ? Les miniſtres ont-ils oublié les intérêts ſacrés qui leur ont été confiés, ont-ils oublié la reſponſabilité à laquelle on les a ſoumis, ont-ils oublié l'eſtime publique qui les a proclamés ? Non, ils n'ont pu l'oublier, et je les en crois encore dignes ; mais comme je l'ai dit , cette cour eſt fatale ; ceux qui la compoſent ſont aimables , inſinuans , ſur- tout les femmes , et nos miniſtres ſont des hommes , on en fait bientôt des dieux , et ils le croyent. Le ſalut de l'état eſt entre leurs mains , et il eſt ſi doux de ſe diviniſer ; voilà à-peu-près l'adulation que les courti- ſans employent auprès des miniſtres ; mais les tems ſont changés , et cette vieille politi- que de cour n'eſt plus de mode. Pour ſe ſoutenir en place aujourd'hui , le ſecret n'en eſt pas merveilleux et l'effort n'en eſt pas pénible : il ne s'agit que d'être impartial et ſincère ; qu'ils n'oublient jamais cette morale , et j'aſſure que tous mourront ho- norablement dans leur place.

Les projets incendiaires , combinés avec tant d'art par les factieux , et auſſitôt déjoués, ſément l'allarme et perpétuent l'anarchie. Les uns craignent véritablement pour le roi, ſes faux amis viennent à l'appui de cette crainte, et l'on conclut qu'il faut ſouſtraire ſa majeſté à la fureur des deux partis : le roi n'a rien à craindre , et s'il venoit à diſparaitre le royaume ſeroit boulverſé , tout ſeroit livré au ſang, aux flammes , et l'état ſeroit perdu ſans reſſources. Mais quelques ſoient leurs atteintes , la maſſe des bons citoyens eſt trop formidable pour que le roi ſoit en danger ; le roi doit être libre et peu ſans crainte aller dans ſes maiſons de campagne toutes les fois

qu'il l'aura décidé. Mirabeau contenoit ces
deux partis, en maraudant, dit-on, fur tous
les deux ; il faifoit fon profit et celui de l'état
pour être fidele aux principes conflitutio-
nels ; fa véritable ambition était de ramener
l'ordre. Il falloit, difoit-il, dans l'origine,
quelqu'un pour graiffer les roues du chariot
populaire, et nous avons trouvé le dindon.
Ce dindon n'eft pas difficile à reconnoître,
on dit qu'il recommence encore fes gla-
piffemens, et qu'il chante de nouveau
Je ne fais pas pourquoi il n'eft pas venu
dans l'efprit de nos graveurs de faire la ca-
ricature du dindon couronné ; de toutes
fes dépenfes il ne lui refte, dit-on, que la
rage, et il fomente encore une féditon. Le
poltron ! le lache ! peut-il s'aveugler fur la
juftice, fur le caractère de l'efprit français ;
peut-il oublier fon averfion pour les traitres ;
peut-il oublier que du foir au matin la haine
prend la place de l'amour, et quelques foien
les facrifices qu'il a fait de fa fortune, il n'a
jamais poffédé l'eftime publique, il ne régnera
jamais que dans la boue. Comment tout
factieux ne frémit-il pas, ne redoute-t-il pas
le châtiment que réferve à fes attentats la
vengeance publique : miférable ! eft-ce là les
moyens que vous employez pour fervir la
la patrie ! des deux côtés elle eft trahie, des
deux côtés elle eft déchirée et le peuple qui

d

ne fait pas encore diftinguer fes vrais amis
des traitres qui le trompent fous un mafque
fpécieux , eft égaré de nouveau. Je fais bien
que je m'expofe en parlant ainfi ; le dindon
couronné à déja fait attenter à ma vie ,
mais il eft beau de mourir quand on fert
fon pays.

Quoi, il ne fera donc pas po ble de
de ramener l'ordre : la nation eft divifée ,
le roi eft fans force , le militaire eft infu-
bordonné , les chefs bafoués , le général
infulté , le magiftrat fans pouvoir, et la loi
fans organe ; tout eft dans un équilibre épou-
vantable , le choc peut être terrible , et
cependant il eft tems encore de tout ré-
parer, et de fauver l'ét et les citoyens ;
mais il faut par une réunion générale , un
concours d'élans patriotiques, ramener le
peuple à fes foyers , à fes travaux , faire
parler la loi dans toute fa vigueur indif-
tinctement pour tous les citoyens, rappeller
les fugitifs, engager l'étranger à revenir en
France. Hélas ! pour un moment que nous
avons à paffer fur la terre, laiffons à nos enfans , à nos neveux les traces d'une conftitution qui doit affurer pour jamais leur
bonheur et notre gloire, et faifons , s'il nous
eft poffible, de notre tems , refleurir le
royaume.

Voila ce que j'avois à dire ; j'ai dis la vérité

telle qu'elle doit être prononcée , sans réflexions, sans recherches, sans m'occuper du style : les changemens de ma piéce, la construction de ces préfaces font le tems d'un après midi ; si j'avois demandé des avis, peut-être aurai-je eue la modeſtie de les ſuivre, mais comme ceux que j'ai ſuivis en deux ou trois occaſions on été improuvés du public, je m'y préſente comme j'ai toujours fait, avec le déſordre de la nature brute, toujours moi-même et avec toute la ſimplicité de ma parure.

Je ne manquerai pas d'adreſſer cette piéce, avec un double exemplaire, à tous nos miniſtres, en les engageant d'en remettre un au roi et à la reine ; si déja ils redoutent la franchiſe , mon franc parler ne les amuſera pas. Cependant M. de Montmorin peut me juſtifier , il ſait que je n'ai pas attendu le droit de dire la vérité ; j'ai oſé la manifeſter avec énergie ſous l'ancien régime, pluſieurs lettres alors de ſa part font ſon éloge et font une preuve de mon patriotiſme. Je n'ai pas été le ſommer de réaliſer ſa bienveillance ; il ne me connoit point, je ne ſuis point ſur le regiſtre des penſions , mon zèle et mon déſintereſſement ſont connus : et j'ai ſacrifié juſqu'à la place de mon fils. Ainſi que mon fils ſoit placé, qu'il ne le ſoit pas, je ne ſervirai pas moins mon pays.

Je ne fuis point de ces femmes vicieufes dont les maximes varient comme les modes, qui prêchent la religion quand elle n'a pas befoin d'appui, qui la détruife quand elle n'a plus de foutien, qui font la guerre aux morts et aux philofophes, adulent les vivans, encouragent le crime, et facrifient les chofes les plus facrées à leur infatiable ambition, à leur égoïfme.

Dans tous mes écrits, j'attaquai Mirabeau comme homme public, moi feule peut-être ne l'ai point redouté ; j'ai ofé lui dire que fi fon coeur étoit auffi grand que fon efprit, l'état étoit fauvé ; on n'a point oublié cette phrafe dans mon difcours de l'aveugle ; *quand vous tournerez conflamment votre plume vers le bien, il faudra vous dreffer des autels.* Voilà encore une de mes prophéties accomplies ; il eft mort, et j'ai fait fon éloge parce qu'il n'eft plus.

Vous, Français, qui m'allez lire, quelque foit le peu de goût que vous prendrez à cette lecture, apprenez à me connoître et vous rendrez juftice à mes principes ; je finirai par vous recommander, pour vos propres intérêts, d'affermir, d'affurer votre roi fur le trône, et de craindre le fort des grenouilles de la fable.

PROLOGUE.

Je viens de faire trancher les jours du grand Mirabeau. J'ai vû trembler pour la première fois la main de la parque ; un enfant a fuivi de près ce grand homme, tel étoit mon deffein.....

. . . .

Il faut convenir que l'efpèce humaine eft bien bizarre ; quel ufage fait-elle du génie qu'elle a reçu de la nature, en préférence à tous les autres animaux ? foibles mortels ! que vous êtes loin du bonheur que vous cherchez ! Il eft cependant fi près de vous, mais la dévorante ambition qui vous tourmente, mais cette foif infatiable de vos intérêts particuliers, vous fait empoifonner tous ces dons que le ciel a répandus fur la terre ; ah ! fi je ne veillois pas à leur profpérité, les hommes s'entregorgeroient enfemble & fans favoir pourquoi. Quel exemple de morale je donne aux Français, en leur enlevant à la fleur de l'âge, un de leur plus fort foutien ! Ils murmurent actuellement contre ma rigueur : hommes injuftes, jettez un regard profond fur vos inconféquences, fur vos préventions, & vous reconnoitrez tous vos torts : vous n'avez perfécutez & vous ne perfécutez encore que ceux qui fe facrifient pour le bien public. Vous ne

favez les apprécier que quand ils ne font plus;
il en eft bien tems! Je ne peux cependant m'en
défendre, j'aime les Français, leur caractère,
leur efprit, leur folie même; mais dans ce moment
de vertige qui les égare, s'ils alloient confpirer
contre moi, je n'en ferois pas étonné, ils en
font bien capables; mais je les défie de
m'ateindre, je fuis un peu trop haut pour redouter
cette fameufe lanterne; en vérité leur révolution
eft bien originale.... Ils font arrivés, fans répandre
de fang, a un degré de perfection conftitution-
nelle, où toute autre nation en auroit rougi la
terre. Mais feront-ils affez conftans, affez rai-
fonnables pour ne pas détruire un travail fi merveilleux..... C'eft-là mon fecret; voyons comme
ils vont fe conduire après la mort de Mirabeau;
voyons s'ils fauront m'engager à leur nommer
un fucceffeur à ce grand génie. Allons tout pré-
parer aux Champs-Elifées pour le recevoir:
ah! combien les grands hommes de la
France, vont être étonnés & affligés de le
voir arriver parmi eux; mais j'efpère les confoler par les dons que je vais faire à leur patrie;
je vais tout difpofer, & que la terre & le ciel
applaudiffent aujourd'hui à mes bienfaits.

*A mefure que le char s'enfuit dans la couliffe, le nuage
fe diffipe & découvre les Champs-Elifées avec les ombres.*

MIRABEAU

AUX

CHAMPS-ÉLISÉES,

COMÉDIE EN UN ACTE ET EN PROSE.

Les ombres doivent être coftumées chacune dans leur genre.

L'ouverture doit être une mufique douce & paifible, mélée de quelques traits plaintifs.

Le théâtre repréfente les Champs-Elifées.

Toutes les ombres font errantes dans le fond du théâtre, quand le rideau fe lève. On doit voir un efpèce de nuage imitant une vapeur, elle fe diffipe infenfiblement. Cette vapeur doit terminer la pièce à la fin du chœur.

SCENE PREMIERE.

J.-JACQUES, VOLTAIRE, MONTESQUIEU.

VOLTAIRE.

JE te dis encore, Montefquieu, les tems font changés. Les fiècles de l'ignorance ont difparus : la lumière s'eft répandue fur toute la terre ; tes principes fur les gouvernemens ne font plus de faifon ; partout l'homme reconnoît les loix de la nature, partout fa douce morale fe fait fentir dans les cœurs. J. Jacques a déployé, mieux que nous, cette loi divine.

J. JACQUES.

Voltaire, ne m'envie point cet avantage: tu a pofé les premières bafes de tout ce qui s'eft opéré de grand & d'utile en France.

VOLTAIRE.

Nous fûmes ennemis fur la terre, quand nos véritables principes devoient nous rapprocher: quand nous tendions tous deux au même but: mais la gloire, la jaloufie, je n'en fus pas exempt. Ah! combien de fois tu m'a fait trembler. (*à part*) le boureau! il brûloit le papier avec fa plume de feu.

J. JACQUES.

Nous ne nous reffentons plus, dans ce féjour de la paix, de ces inquiétudes terreftres. Mais, Montefquieu eft bien fombre. Quoi! tu parois fouffrir de notre converfation: ta mémoire ne fauroit périr: tes ouvrages ont encore beaucoup de partifans dans tout l'univers; mais voudrois-tu prétendre que les hommes fuffent partout les mêmes? Il n'eft qu'une vérité: tout change

l'homme utile ne meurt jamais, & quelque foit
la nouvelle forme du gouvernement Français,
tes écrits n'en feront pas moins immortels.

M o n t e s q u i e u.

L'indulgence te fied bien : il t'eft permis d'être
généreux, quand tes écrits l'emportent fur les
miens; mais les crois-tu bien propres à l'efprit
français; le gouvernement eft, dans ce moment,
fans force & fans dignité; le commerce eft
anéanti, & le marchand eft en faillite; le déla-
brement des trois ordres a produit la pénurie
dans les finances; les manufactures font défertes;
l'ouvrier fans travail; le pauvre fans fecours;
les arts & les talens ont difparus avec les émi-
grans.

V o l t a i r e.

Ils reviendront, & tout fe rétablira fous une
meilleure forme.

J. J a c q u e s.

L'état étoit énervé; le miniftère étoit vicieux;
le peuple, écrafé d'impôts, fouffroit fes maux
fans murmurer dans fon horrible efclavage; fati-
gué de la tyrannie qu'on exerçoit fur lui fans
pitié, il a reconnu fes droits, fa force. Peut-être

A 4

a-t-il été trop loin ; mais c'eft l'effet de toutes les révolutions.

MONTESQUIEU.

Combien de victimes périront avant d'arriver à ce point de perfection que vous efpérez. Le généreux Defilles, ce jeune militaire, partifan de la bonne caufe, n'a pas moins été affaffiné par fes propres foldats.

VOLTAIRE..

Ils étoient gagnés ; mais après ce récit qu'il nous a fait de l'état actuel de la France, de la prévoyance des légiflateurs, de la vigilance des citoyens à diffiper les complots des factieux, tu dois avoir actuellement plus de confiance à une révolution auffi fagement dirigée. Mirabeau furtout à l'art de contenir les deux partis ; je n'en fuis pas étonné ; fon génie devoit un jour détruire les defpotes ; les fers, la prifon, l'exil, les baftilles, rien n'a pû le détourner de fa vafte carriere. Que ce grand homme foit encore vingt ans fur la terre, & je te promets, Montefquieu, que la France rependra une nouvelle fplendeur.

MONTESQUIEU.

Je crains, au contraire, que la nouvelle

(9)

constitution n'ait point cette énergie que tu lui
fuppoſes. Les trois ordres ſont indubitablement
néceſſaires à l'esprit d'un gouvernement monarchique. Le caractère français est changeant : c'est
par son inconstance qu'il aime tout ce qui flatte
sa vanité. J'ai travaillé pour le bien de mon pays,
et suivant vous je n'ai fait qu'un ouvrage ! Mais
croyez-vous, l'un et l'autre cette constitution
bien affermie ?

V O L T A I R E.

Il n'y a pas de doute : tout est actuellement,
je gage, dans le meilleur ordre.

J. J A C Q U E S.

Il y a long-temps que nous n'avons eu des
nouvelles de la France ; il y a long-temps qu'il
n'a paru aux Champs-Elisées de bons patriotes.

M O N T E S Q U I E U.

Je ſuis aux aguets de quelqu'arrivant. Je suis
auſſi curieux que vous de connoître l'état actuel
de ce royaume. Voici Henri IV avec Desilles ;
il ſemble qu'ils veulent nous éviter : laiſſons-les
s'entretenir à leur aise.   (*Ils sortent.*)

SCENE II.

HENRI IV, DESILLES.

HENRI IV.

Viens, jeune et brave Desilles, éloignons-
nous de toutes ces ombres, dont la présence
trouble la douceur de nos entretiens. Louis XIV
s'irrite aux récits que tu nous fais des grands
changemens que tu as vu s'opérer en France.
Parle-moi pour moi seul, j'en aurai plus de
plaisir. Parle-moi de ce bon peuple Français; de
mon petit-fils, de vos législateurs, de cet incomparable Maribeau, dont tu nous a fait un si
grand récit.

DESILLES.

Cher Henri, idôle de la France! ce peuple
toujours cher à ta mémoire, voit encore en toi
ton petit-fils qui marche sur tes traces. Les Français, en extirpant tous les abus qui entouroient
le trône, ont rendu à leur monarque sa véritable existence. Mirabeau, Mirabeau sur-tout a
développé ce grand principe si important au salut

de l'état. Le Peuple et le Roi ; voilà ses maximes. Point d'intermédiaire entre ces deux puis-
sances.

HENRI IV.

Que ce récit m'intéresse ; mais que je crains
les effets de ces innovations. Je fais à quel dégré
le fanatifme peut pousser sa vengeance. Envain
J. Jacques & Voltaire nous donnent ici de gran-
des espérances fondées sur leurs immortels écrits,
je ne puis vaincre mes inquiétudes.

DESILLES.

On n'est donc pas exempt aux Champs-Elisées
de tout pénible souvenir ? Quant à moi, je n'y
ai ressenti jusqu'à présent qu'une douce paix.

HENRI IV.

Dans ce séjour, mon fils, nous conservons
l'empreinte de notre caractère primitif ; et telle
est, mon ami, la cause de ces rapports frap-
pans que l'on trouve entre les grands hommes
nés à des époques souvent fort éloignées. Après
plusieurs siècles de repos, chacun de nous re-
vient à la vie : mais notre génie ne change jamais :
nos goûts, nos humeurs sont constamment les
mêmes ; ainsi tu ne trouveras pas ici l'ombre de

Louis XII ; le père du peuple, ni celle de l'o-
rateur grec Demofthènes. Toutes les deux sont
en ce moment sur la terre. Le Destin a rendu à
Louis XII sa couronne sous le nom de Louis XVI,
et à ton cher Mirabeau, la sagacité, la profon-
deur et l'éloquence de cet orateur athénien, également célèbre par son amour pour la patrie,
et par fa haine déclarée pour les factieux.

DESILLES.

Ah ! je le reconnois à ces traits.

HENRI IV.

Mais toi, brave Desilles, ne sais-tu pas encore quel homme tu as été avant de porter ce
nom ? Rappelle-toi donc ton analogie avec ce
jeune romain qui, pour sauver sa patrie, se pré-
cipita tout armé dans le gouffre qui s'étoit ouvert
au milieu du Forum.

DESILLES.

Oui, je me rappelle à présent tout ce que je
fus. Le Destin m'a choisi, sans doute, pour les
actions d'éclat. Je ne me plains pas de mon sort.
Puissai-je toujours terminer de même ma carrière.
Pour, toi Henri, le modèle des bons rois, on
n'a pas ignoré même sur la terre, qu'avant d'être

Henri IV, tu étois Titus…. Mais quelle est cette rumeur parmi les ombres.

HENRI IV.

J'apperçois Voltaire et Rousseau qui s'approchent de nous ; sachons ce qu'il y a de nouveau.

SCENE III.

Les précédens, J. JACQUES, VOLTAIRE.

HENRI IV.

Hé bien, sublime, & bienfaisant philosophe de la France, que venez-nous nous apprendre ?

VOLTAIRE.

Eaque, Minos & Radamanthe s'avancent vers les portes. Nous soupçonnons qu'ils vont au-devant de quelqu'ombre digne, sans doute, de leur empressement.

J. JACQUES.

On a entendu du côté de la Terre des cris de douleur qui sont les préfages d'une grande perte. Caron a paré fa barque, & Cerbere femble avoir adouci fes affreux hurlemens. On nous a annoncé qu'il fe préparoit une fête pour recevoir cette ombre. Quel eft donc ce Génie qui vient habiter parmi nous ?

VOLTAIRE.

Voyez défiler toutes les ombres vers l'entrée des champs Elifées. Seroit-ce quelqu'auteur dramatique à qui l'on prépareroit une pareille fête ? Seroit-ce quelque légiflateur, ami de l'humanité, plus digne encore de cet hommage?

HENRI IV.

J'éprouve, en ce moment, une terreur juf- qu'à préfent inconnue en ces lieux. Je chéris comme vous la France ; fi ce mortel nous venoit de cette contrée & que la patrie eut perdu un de fes plus fermes appuis, mon cœur en feroit trop affecté. J'apperçois Louis XIV. A fon air foucieux, je vois que cet arrivant ne lui fait pas plaifir.

SCENE IV.

LOUIS XIV *s'approche d'un air fier, avec plu-*
sieurs de ses courtisans.

VOLTAIRE, HENRI IV, DESILLES, LOUIS XIV, J. JACQUES.

HENRI IV *à Louis* XIV.

Louis XIV a l'air mécontent. Quel chagrin
peut donc éprouver son cœur dans le séjour de
la paix & de l'égalité.

LOUIS XIV.

Cette égalité n'est pas mon élément ; je sens
que je devrois règner.

HENRI IV.

Sur tes passions sans doute ; mais ta raison
est donc bien foible ? puisqu'elle n'a pû encore
te faire jouir de la tranquillité dont nous jouis-
sons tous. Tu veux être encore roi parmi les
ombres.

LOUIS XIV.

Ces remontrances populaires ne peuvent s'éléver jufqu'à moi, ah ! que ne fuis-je encore fur la terre !

HENRI IV.

Eh ! qu'y ferois-tu actuellement ?

LOUIS XIV.

La queftion eft neuve pour mon oreille, ce que j'y ferois ? J'y règnerois ; en me montrant je redeviendrois le maître.

HENRI IV.

De qui ?

LOUIS XIV.

Du monde entier, des Français, quelque foit le charme de cette égalité, de cette indépendance dont, ici, on m'étourdit les oreilles ; je les connois, ils aiment les grands rois.

HENRI IV.

Dis, les grands hommes, & les bons rois. Tu fus te faire admirer ; mais on ne t'aima point : tu n'as ébloui les Français que par ton luxe ; on ne peut les féduire aujourd'hui que par des vertus.

LOUIS XIV.

Louis XIV.

Oublie-t-on tout ce que j'ai fait de grand?

Henri IV.

Oui, tes fameuſes conquêtes ; la terre n'étoit pas aſſez grande pour ſatisfaire ton ambition.

Louis XIV.

Eſt-ce par mon ambition que la poſtérité me juge? as-tu oublié mes belles actions ? Si je fus deſpote, je ſçu faire fleurir les arts, le commerce ; je ſçu diſtinguer l'homme de mé-rite de l'intriguant de cour : les femmes ni mes miniſtres ne me gouvernoient point. Je portai dans toute l'Europe le goût des ſciences ; on me doit peut-être ce foyer de lumières dont les Français ſont ſi fiers aujourd'hui. J'encou-rageai les talens, je recompenſai les belles actions ; ſi j'eu des foibleſſes, j'ai ſçu les ef-facer, j'ai ſçu avouer des fautes. Un de mes courtiſans oſa juſtifier un jour mon enfance indo-cile : Il n'y avoit donc point de verges dans mon royaume lui répondis-je... J'ai ſçu préſerver mes enfans de la mauvaiſe éducation que j'avois reçue ; mes défauts appartiennent à mes inſti-tuteurs, mes vertus ſont de moi. Je ſuis mon ouvrage.

VOLTAIRE.

Je ne puis m'empêcher de l'admirer encore.

ROUSSEAU.

Il eut l'art de se faire adorer.

DESILLES.

Quel dommage que ce fut là un despote!

HENRI IV.

Oui, tu as mérité, j'en conviens, sous quelques rapports, l'estime & la reconnoissance des Français; mais aujourd'hui ils ne sont plus les mêmes, & tu serois mal vu sur le trône.

LOUIS XIV.

Je ne te blame point. Nous ne pouvons changer notre caractère : un jour peut-être le mien retrouvera sa place : d'autres temps, d'autres mœurs, & crois qu'aujourd'hui même, je trouverois encore en France des partisans.

HENRI IV.

Qui n'oseroient se montrer. Mais .... quels sons lugubres ! C'est sans doute, cet ombre qui arrive.

D E S I L L E S.

L'on vient à nous.

S C E N E V.

M O N T E S Q U I E U, *les précédens.*

M O N T E S Q U I E U.

Amis de la France, Franklin vous amène un de ses plus fermes appuis ?

H E N R I I V.

Ah ! que nous annoncez-vous.

On entend la musique du convoi de Mirabeau, par M. Gossec ; pendant cette scène muette, les ombres vont & viennent sur le théâtre & s'avancent toutes au-devant de Mirabeau.

S C E N E V I.

MIRABEAU, *dans l'affliction ;* FRANKLIN, *le soutenant ; les Acteurs précédens.*

D E S S I L E S.

Que vois-je ? Mirabeau !...

F R A N K L I N, *l'interrompant.*

Mirabeau est mort. (*il continue avec chaleur.*)

Il eſt retourné au ſein de la divinité, il vit parmi nous, le génie qui affranchit la France, & verſa ſur l'Europe des torrens de lumières. L'homme que ſe diſpute l'hiſtoire des ſciences & des empires tenoit, ſans doute, un rang élevé dans l'eſpece humaine ; l'antiquité eut élevé des antels au puiſſant génie qui, au profit des humains, embraſſant dans ſa penſée le ciel & la terre, ſut dompter la foudre & les tyrans.

VOLTAIRE.

Philoſophe courageux, bienfaiſant légiſlateur, que la Parque vient d'enlever à la plus grande des nations, ceſſe de t'affliger & viens reſpirer avec nous l'air pur de l'Eliſée.

J. JACQUES à Voltaire.

Ah ! ne lui envie pas la douceur de verſer encore des larmes : la cauſe de ſa douleur eſt ſi belle.

MIRABEAU.

O J. Jacques ! ô mon maître ! eſt-ce toi ?

VOLTAIRE.

Ceſſe de te livrer à d'inutiles regrets.

MIRABEAU d'un ton animé.

Ah ! ce n'eſt pas la vie que je regrette, j'ai ſçu vivre, j'ai ſçu mourir en homme ; j'avois pour un ſiècle de courage, quand la mort a glacé mon cœur; mais écoute, n'entends-tu pas les accens douloureux de ce peuple affligé; de ce peuple dont je n'ai connu toute l'affection pour moi, qu'à l'inftant même qui m'en a féparé pour jamais; de ce peuple aimant & fenfible que je ne pourrai donc plus fervir. Je frémis en fongeant que le trouble & la confufion peuvent encore détruire l'effet de la plus belle, de la plus fublime des révolutions : que l'empire peut-être livré aux différens partis de féditieux qui, pour leurs vues particulières, ne cherchent qu'à jetter l'alarme & à femer la difcorde. Je frémis d'apprendre au premier inftant que cette belle monarchie eft diffoute, & que les factieux s'en partagent les lambeaux.

J. J A C Q U E S.

On ne peut régénerer un état fans courir les rifques de le perdre; voilà ce que j'ai craint; voilà ce que j'avois prévu dans mes écrits.

V O L T A I R E.

Mais fi on le fauve à la fin?

M I R A B E A U.

Je préférerai le règne d'un defpote, à l'anarchie.

M O N T E S Q U I E U.

Les pouvoirs intermédiaires, fubordonnés &

dépendans, conftituent la nature d'un bon gouvernement monarchique.

F R A N K L I N.

Je n'approuve pas ces difpofitions républicaines chez les Français ; j'ai long-tems vécu. Maintes fois je me fuis vû forcé de changer d'opinion, même dans les matières de la plus grande importance. Ainfi je crois qu'il eft impolitique & inconftitutionnel en France, de ne point affurer le pouvoir du gouvernement monarchique, parce qu'il n'y a point de gouvernement, qu'elle qu'en foit la forme, qui ne puiffe être bon, s'il eft bien adminiftré.

M I R A B E A U.

Ah, Franklin! que n'ai-je laiffé ma patrie dans une fituation auffi paifible, auffi heùreufe, auffi floriffante que tu as laiffé la tienne; mais quelles font ces deux ombres que mon récit paroît attendrir ? Henri IV! Defilles ! (*il leur donne la main.*) Salut, falut, nos amis; & cet autre ?.....

J. J A C Q U E S.

Vous ne le reconnoiffez pas ?....

M I R A B E A U.

Oui, j'y fuis à préfent; à fon air majeftueux, à cet air conquérant....

V O L T A I R E.

Et quelque fut le rang où le ciel l'eut fait naître,
Le monde en le voyant eût reconnu son maître.

M I R A B E A U *à Voltaire.*

Vous êtes, je crois, l'auteur de cet éloge?

V O L T A I R E.

J'aimai un peu trop la gloire des rois, je
n'en disconviens pas ; mais c'étoit alors la mode.

L o u i s X I V.

Elle reviendra.

M I R A B E A U.

Je le souhaite pour le bonheur de la France ;
cependant tu me permettras d'y mettre des limites.

L o u i s X I V.

M'oterois-tu le droit de déclarer la guerre,
& de faire la paix.

M I R A B E A U.

Pour avoir voulu l'accorder au pouvoir exé-
cutif, j'ai failli perdre la confiance publique.

M O N T E S Q U I E U.

Que nous dis-tu?

H E N R I I V.

Apprends-nous.....

M I R A B E A U.

Tant qu'on n'a calomnié que ma vie privée,

je me fuis tû , foit parce qu'un rigoureux filence eft
une jufte expiation des fautes purement perfon-
nelles telles excufables qu'elles puiffent être, & ne
voulant attendre que du tems & de mes fervices
l'eftime des gens de bien ; foit encore par ce que la
verge de la cenfure publique, m'a toujours paru
infiniment refpeétable, même placée dans des
mains ennemies ; mais lorfqu'on a attaqué mes
principes comme homme public , je n'ai pû me
tenir à l'écart, fans déferter un pofte d'honneur
qui m'avoit été confié ; j'ai rendu un compte
fpécial de ma conduite. Cet aveu étoit d'autant
plus important, que, placé parmi les utiles tri-
buns du peuple, je lui devois un compte plus
rigoureux de mes opinions. Son jugement étoit
d'autant plus néceffaire, qu'il s'agiffoit de pro-
noncer fur des principes qui diftinguent la vraie
théorie de la liberté , de la fauffe ; fes vrais
apôtres, des faux apôtres ; les amis du peuple,
de fes corrupteurs ; car le peuple, dans une
conftitution libre, a auffi fes hommes de cour,
fes parafites, fes flatteurs, fes courtifans, fes
efclaves. Je pris la parole fur une matière fou-
mife depuis longtems à de longs débats: un pref-
fant péril, de grands dangers dans l'avenir devoient exciter toute l'attention du patriotifme.
Ces mots de paix & de guerre fonnoient for-

tement à l'oreille. Falloit-il déléguer au roi le droit de faire la paix & la guerre, ou devoit-on l'attribuer au corps légiflatif? En un mot je m'étois propofé la queftion générale qu'on devoit réfoudre, d'attribuer concuremment le droit de faire la paix & la guerre, aux deux pouvoirs que la conftitution avoit confacrés.

L o u i s X I V.

Les Français ne font donc plus les mêmes. Si les talens, le génie donnoient comme le rang, la couronne ; fans doute tu l'aurois méritée.

M i r a b e a u *en fouriant.*

Ne me fouhaite pas un fi fatal préfent: c'eft un pefant fardeau qu'une couronne en ce moment; mais ton petit-fils faura par fa prudence, par fa bonté, par fes vertus la rendre plus défirable.

J. J a c q u e s.

Sans doute tu n'as pas quitté la vie fans donner quelques idées fur les fucceffions.

V o l t a i r e.

Et fur l'éducation; c'étoit bien effentiel.

M i r a b e a u.

Mes amis, j'ai pourvu à tout; ce font mes derniers ouvrages, je n'ai pas eu la douceur de les lire à mes collegues. Mes dernieres paroles furent : Je combattrai les factieux jufqu'à mon dernier foupir, de quel parti, de quel côté qu'ils foient, & telle étoit ma ferme réfolution ; mais déjà la mort circuloit dans mes veines. Je me hatai de mettre la dernière main à mon difcours fur les fucceffions, & à mon plan d'éducation nationale. J'ai tout laiffé entre les mains de mon meilleur ami, qui me fecondera, j'en fuis bien affuré ; il n'eft pas que vous n'ayez ouï parler de cet homme, de ce prêtre qui n'eft pas moins nécef-faire aux intérêts de l'état qu'à ceux du vrai culte. Il a porté la hache fur tous les abus du faint fiége, il a déraciné le labyrinthe qui entouroit l'autel, il a démontré l'augufte vérité.

VOLTAIRE.

Il faut un culte qui diftingue le bon prêtre du fanatique & de l'impofteur. J'ai introduit la phi-lofophie, j'ai prêché la tolérance, mais fi Dieu n'exiftoit pas, il faudroit l'inventer.

MONTESQUIEU.

Ainfi donc, vous avez détruit les prérogatives du clergé & de la nobleffe, & vous affurez votre conftitution bonne ! Vous aurez bientôt un état populaire, ou bien un Etat defpotique.

FRANKLIN.

On doit l'adopter avec fes défauts s'il y en

a; parce que je crois qu'il faut en France un gouvernement monarchique, & que s'il vient à d. génerer en defpotifme, ce ne fera pas la faute de la conftitution: pour affurer le bonheur du p:uple, il dépend entièrement de l'opinion, de la bonté du gouvernement, auffi bien que de la fageffe, & de l'intégrité de ceux qui gouvernent.

J. JACQUES.

Commme il dépend des pères de famille d'affurer également le bonheur de tous leurs enfans. Je te demande Mirabeau, quelques-unes de tes réflexions fur les difpofitions teftamentaires. Ah ! combien il eft important que les humains foient éclairés fur cette matière.

MIRABEAU.

Eh quoi ! n'eft-ce pas affez pour la fociété des caprices & des paffions des vivans ? Faut-il encore fubir leurs paffions quand ils ne font plus ? N'eft-ce pas affez que la fociété foit actuellement chargée de toutes les conféquences réfultantes du defpotifme teftamentaire, depuis un tems immémorial jufqu'à ce jour ? Faut-il qu'on lui prépare encore tout ce que les teftateurs futurs peuvent y ajouter de maux par leur dernière volonté trop bifarre, dénaturée même ? N'a t-on pas vu une foule de ces teftamens, où refpiroient tantôt l'orgueil, tantôt la vengeance ; ici un injufte éloignement, là une prédilection aveugle. La loi caffe les teftamens appellés *ab irato* ; mais tous ces teftamens qu'on pourroit appeller *a decepto,* *a morofo, ab imbecilli, a delirante, a fuperbo*, la loi ne les caffe point, & ne peut les caffer. Combien de ces actes fignifiés aux vivans par les morts, où la folie femble le difputer à la paffion, où le teftateur fait telles difpofitions de fa fortune, dont il n'eut ofé, de fon vivant, faire confidence à perfonne ; des difpofitions telles, en un mot, qu'il a eu befoin, pour fe les permettre, de fe détacher entièrement de fa mémoire, & de penfer que le tombeau feroit fon abri contre le ridicule & les reproches. (Toutes les ombres applaudiffent à ce difcours.)

T o u t e s   l e s   o m b r e s   e n s e m b l e.

Bravo, bravo ! Mirabeau.

V o l t a i r e.

La plûpart de ces ombres reconnoiffent leurs erreurs & leur injuftice, dans ces réflexions, & leurs regrets témoignent affez combien tu mérites l'eftime des morts & des vivans.

L o u i s   X I V.

Ta préfence étoit bien néceffaire fur la

terre ; tu devois vivre plus long-temps.

MIRABEAU.

J'ai travaillé nuit & jour pour rendre à ma patrie fa fuperbe fplendeur ; j'y ai facrifié mon exiftence. Je la croyois inaltérable. Je me fuis trompé en cela, & voilà l'homme ; mais j'ai rempli ma tâche fur la terre, & je fuis fatisfait. Après avoir été la terreur des potentats dès l'aurore de ma jeuneffe, qui, d'un autre côté, ne fut exempte d'erreurs ; vers le midi de ma vie j'ai joui de l'eftime publique. J'ai fait le bien de mon pays. J'ai terminé à quarante-deux ans une carrière glorieufe. Je vois encore le peuple ému, attendri ; j'entends fes cris de douleur à ma dernière heure ; mon ame encore errante dans les airs voit ce peuple verfer des larmes. Qu'il eft beau de mourir, quand on a défendu fa caufe.

J. JACQUES.

Et fur-tout quand on l'a gagnée. Je ne te parle pas de mon contrat focial.

MIRABEAU.

Ton contrat focial ! il eft dans les mains de tout le monde. Il eft la pierre angulaire de la conftitution.

VOLTAIRE.

N'ai-je pas auſſi contribué pour quelque choſe à la révolution.

MIRABEAU.

Ah ! beaucoup, Voltaire, oui, beaucoup ; mais l'inſtant le plus brillant de ton triomphe n'eſt pas encore arrivé. Encore, encore quelques momens, & je te le dis en confidence, certain évêque du Tibre, dont les projets ne font encore que fermenter ſourdement, ajoutera bientôt à ta gloire, & à ta célébrité. Mais qu'elles ſont ces trois ombres qui conduiſent vers nous un enfant qui ne m'eſt pas inconnu ?

VOLTAIRE.

Ne ſois pas étonné de l'air de ſatisfaction qui brille ſur leurs viſages. Ces trois femmes furent chacune, dans leur genre, l'honneur & l'ornement de leur ſexe. C'eſt Deshoulières, Sévigné, & l'aimable Ninon de l'Enclos.

SCENE VII.

DESHOULIÈRES, SEVIGNÉ, NINON DE L'ENCLOS, *les Acteurs précédens.*

MIRABEAU.

Je ne puis vous exprimer combien j'ai

de plaifir à les voir : mais cet enfant......

D E S I L L E S.

Il nous eft inconnu, comme à toi.

F O R T U N É.

O mon protecteur ! O fublime Mirabeau ! la parque a tranché le fil de mes jours ; mais j'avois affez vécu. J'ai joui du bonheur de t'entendre. J'étois à la tête de ma compagnie à ta pompe funèbre. Je t'ai vu dépofer dans ce fuperbe édifice, qui n'aura déformais d'autres titres. *Aux grands hommes, la patrie reconnoiffante.*

M I R A B E A U.

Cher enfant ! fi jeune perdre la vie, & par quel accident ?

F O R T U N É.

Il étoit près de minuit quand je rentrai chez moi après cette cérémonie. Froid, pâle, j'avois la mort dans l'ame. Envain ma pauvre mère me prodiguoit tous fes fecours ; envain cette chère mère cherchoit à me confoler, elle me déroboit des larmes que je fentois tomber fur mon cœur. Nous perdions en toi notre protecteur, & la patrie perdoit fon plus ferme foutien. Ma douleur étoit mortelle ; on a eu recours, fur le champ, à un médecin ignorant ; mais pourquoi m'en plaindre ? ſes remèdes ſans doutè étoient ſuperflus. Je ne regrette que ma mère ; mais je bénis le ſort qui me rapproche de vous.

M I R A B E A U.

Cher enfant ! elle avoit mis toutes ſes eſ-pérances en toi.

F O R T U N É.

Dieu ! veille ſur ſes jours. Au ciel ! je t'im-plore pour elle : conſole la plus tendre, la meilleure de toutes les mères. Hélas ! ſi tu n'avois voulu que me ravir à ſon amour, & laiſſer ce grand homme (*en regardant Mira-beau*) encore ſur la terre. Il y étoit ſi néceſ-ſaire, lui ſeul contenoit les factieux, il étoit l'appui de la veuve, de l'orphelin, & j'en ſuis un grand exemple.

M I R A B E A U.

Que dites-vous jeune homme ?

F O R T U N É, *l'interrompant.*

Je veux dire ce que tu nous a forcé de ca-cher ſur la terre. On a pu t'imputer que tu n'avois pas de mœurs. On a pu te refuſer une ame généreuſe, un cœur ſenſible..... ombres, écoutez. J'avois un père attaché, par naiſſance & par principes, à la vieille conſtitution. Ces chimères de nobleſſe le rendoit ſouvent ina-

bordable,

bordable ; ma mère & moi nous en souffrions beaucoup. Elle est issue du sang du tiers-état, c'est vous dire qu'elle est bonne patriote. Son mari prenoit plaisir depuis quelque tems à la mortifier en metant la main sur son épée. Ah! s'il n'eut pas été mon père..... mais, quelques mois après la révolution, une espece de langueur le mit au tombeau. Il avoit dissipé toute la fortune de ma mère: il ne lui restoit que des bienfaits de la cour, & en mourant nous perdîmes toutes nos ressources. Ma mère, plus affligée pour moi que pour elle-même, étoit au désespoir. Ah! combien l'amour d'une mère éléve son courage. Sans demander des avis à personne, elle se présente à la porte de l'incomparable Mirabeau.

MIRABEAU *voulant lui mettre la main sur la bouche.*

C'en est assez, c'en est assez.

FORTUNÉ.

Non, je dirai tout.

HENRI IV, *prenant la main de Fortuné.*

Aimable enfant ; poursuis, nous t'entendrons avec plaisir.

FORTUNÉ.

Ma mère dans les pleurs se jette à ses pieds. Ce n'est pas pour moi, dit-elle, que je vous

fupplie ; c'eſt pour mon fils : il n'a plus de père,
il ne me reſte rien pour l'élever. Mirabeau la
releve avec attendriſſement. Cet abaiſſement,
madame, eſt l'effet de votre amour maternelle ;
mais il m'offense. Parlez-moi ſans me prier ;
que puis-je faire pour vous ? Placer mon fils,
s'écrie ma mère. Comme légiſlateur je n'ai
aucun pouvoir particulier. Vous êtes jeune, belle,
bientôt on ſuſpecteroit les ſervices que je voudrois vous rendre ; mais, madame, j'ai des amis,
je les ferai agir ; c'eſt tout ce que je puis vous
promettre. Il nous conduit froidement juſqu'à ſa
porte. A peine ſommes-nous arrivés chez nous
qu'un notaire apporte à ſigner à ma mère un
contrat de douze cens livres de rente réverſibles
ſur ma tête. Ma mère demande l'auteur de ce
bienfait ; on s'obſtine à nous le taire : nous le
devinons aiſément. Nous volons chez lui, ſa
porte nous eſt refuſée. Quelques jours après,
je reçois le brevet de capitaine dans le régiment
de Royal-Dauphin avec un bon de ſix cents
livres pour mon entretien. Hélas ! je n'en ai
pas joui longtems. J'ai perdu mon bienfaiteur,
& ma vie a été le prix de ma reconnoiſſance.

H ENRI IV.

Quel age avez vous, enfant trop aimable ?

F ORTUNÉ.

Douze ans.

VOLTAIRE.

Ton raifonnement avoit dévancé ton age ;
il n'y a donc plus d'enfans en France ?

FORTUNÉ.

Il ne font pas plus hauts que cela, (*défi-gnant avec la main une certaine hauteur,*) qu'ils
montent déjà la garde chez le roi.

LOUIS XIV.

Mon petit fils eft donc gardé par des pigmées.

MIRABEAU.

Par des géans auffi, Louis XIV ; il eft plus
en fûreté avec ces pigmées, que tu ne le fus
jamais avec ton impofante maifon.

VOLTAIRE.

Quel eft donc, charmant enfant, cet édifice,
aux grands hommes, la patrie reconnoiffante.

FORTUNÉ.

C'eft le temple, où vous ferez tous réunis.
O Mirabeau ! quels honneurs n'a-t-on pas rendus à ta mémoire : non, jamais la reconnoif-
fance publique n'éclata d'une manière plus fo-
lemnelle, & plus touchante.

LOUIS XIV.

La cérémonie étoit donc bien pompeufe ?

F O R T U N É.

Si la cérémonie fut grande & majeſtueuſe,
ce ne fut point par l'étalage faſtueux d'un luxe
inſultant ; mais un peuple entier y verſoit des
larmes. Entre deux files de notre garde nationale, un gros de cavalerie ouvroit la marche,
ſuivi de vingt mille volontaires en deuil &
ſans armes ; les commiſſaires des quarante-huit
ſections, la municipalité de Paris & ſon départe-
ment précédoient immédiatement le ſarcophage,
qu'on ne voyoit point élevé pompeuſement ſur
un char triomphal ; mais nos légiſlateurs même,
tes collégues, qui le ſuivoient en corps, diſpu-
toient aux ſoldats citoyens l'honneur de te porter. Les miniſtres, la maiſon du roi, & quelques
milliers d'hommes armés terminoient le convoi :
ajoutez à ce détail le ſilence profond des ſpec-
tateurs qui rendoit plus pénétrans les ſons
d'une muſique déchirante, les cliquetis aigus
des cinballes, les roulemens ſourds & lugubres
du tambour : ajoutez y la conſternation qui ſe
peignoit ſur tous les viſages, & les douces larmes
de ce ſexe intréeſſant & ſenſible à qui tu deſtinois des plans utiles à ſa gloire, comme à
ſon bonheur, & vous ne pourrez vous faire
qu'une imparfaite idée des ſentimens dont mon
âme eſt encore pénétrée.

M I R A B E A U, *avec attendrissement.*

Dieu! que ce récit m'intéresse. O mes concitoyens! qu'ai-je fait pour avoir mérité une aussi sensible reconnoissance. J'ai contribué, comme vous, au bien de la patrie. J'emportois vos regrets, n'étoit-ce pas assez pour me déchirer l'ame. O français! français, vous ne cesserez jamais d'être généreux.

L O U I S X I V.

Et les ministres qui accompagnoient la cérémonie, sont-ils du choix de mon petit fils?

F O R T U N É.

Oui sans doute, & du choix de son peuple.

L O U I S X I V.

Dans quel rang les a-t-on pris?

M I R A B E A U.

Confondus dans la seule classe de tous les citoyens, leurs vertus & leur mérite les ont seuls distingués.

L O U I S X I V.

J'aprouve actuellement la révolution; elle est digne d'un grand monarque, & des grands hommes qui l'ont opérée.

Madame de S É V I G N É.

As-tu laissé en main sûre ce plan dans lequel

tu deſtinois à mon ſexe un paſſage utile à ſon bonheur & à ſa gloire ?

Madame DESHOULIERES.

On l'aura détourné à ſa mort. On ne veut pas que nous ſoyons ſur la terre les égales des hommes ; ce n'eſt qu'aux champs Eliſées que nous avons ce droit.

NINON DE L'ENCLOS.

Ailleurs auſſi, mais c'eſt un foible avantage.

DESHOULIERES.

Les femmes trouveront peut-être le moyen de regénérer auſſi leur empire.

MIRABEAU.

Pour opérer en France une grande, une heureuſe révolution, il en faudroit, meſdames, beaucoup comme vous.

NINON.

Tu as raiſon : en général les femmes veulent être femmes, & n'ont pas de plus grand ennemis qu'elles mêmes. Que quelqu'une ſorte de ſa ſphère pour défendre les droits du corps, auſſi-tôt elle ſoulève tout le ſexe contre elle : rarement on voit applaudir les femmes à une belle action, à l'ouvrage d'une femme.

Mirabeau.

La remarque le fera.

Ninon.

Par les hommes donc. Ah! meſſieurs, que les femmes entendent bien peu leurs intérêts.

Sévigné.

Il eſt indubitable qu'un gouvernement ne peut ſe ſoutenir, ſi les mœurs ne ſont pas épurées.

Ninon.

Et de qui dépend cette révolution : en vain l'on fera de nouvelles loix, en vain l'on boulverſera les royaumes; tant qu'on ne fera rien pour élever l'ame des femmes, tant qu'elles ne contribueront pas à ſe rendre plus utiles, plus conſéquentes, tant que les hommes ne ſeront pas aſſez grands pour s'occuper ſérieuſement de leur véritable gloire, l'état ne peut proſpérer : c'eſt moi qui vous le dis; mais qui vient nous interrompre ?

SCENE VIII.

LE DESTIN, SOLON, LE CARDINAL D'AMBOISE, *les acteurs précédens, avec pluſieurs des quatre parties du monde, comme des Chinois, des Turcs, des Eſpagnols, des Romains, &c.*

Le Destin.

Ombres paiſibles, l'heure est venue de rendre

à la terre un grand homme qui remplace celui qu'elle vient de perdre ; & voici celui que j'ai choisi.

TOUTES LES OMBRES.

Solon, Solon va renaître.

HENRI IV.

C'est le cardinal d'Amboise que le Destin a choisi ; c'est un ministre sage, bienfaisant qui doit renaître en France.

TOUTES LES OMBRES FRANCAISES.

Oui, nous opinons pour le cardinal d'Amboise.

LE DESTIN,

Oui, je veux vous satisfaire. Ce grand ministre va renaître aussi.

D'AMBOISE.

Serai-je encore élu évêque de Montauban ?

MIRABEAU.

Que n'as-tu pu devancer ton époque ! cette ville n'auroit pas été de nouveau le théâtre des fureurs sacerdotales. Les fanatiques ce sont efforcés d'égarer la conscience du peuple ; ainsi on n'a pu briser les chaînes du despotisme, sans secouer le joug de la foi. Quelle imposture grossière ! non, la liberté loin de nous avoir prescrit un si impraticable sacrifice, nous a rendus tous freres : que tous bons citoyens regardent

cette églife de France dont les fondemens s'é-
lancent & fe perdent dans ceux de l'empire lui-
même. Qu'ils voient comme elle fe régénère
avec lui, & comme la liberté, qui vient du
ciel, auffi bien que notre foi, femble montrer en elle la compagne de fon éternité & de
fa divinité.

D' A M B O I S E.

La province de Normandie, a-t-elle été agi-
tée & perfécutée par la nobleffe ? ma préfence
y feroit-elle néceffaire ?

M I R A B E A U.

La nobleffe eft fort paifible en Normandie,
& fes habitans font trop éclairés aujourd'hui.

D' A M B O I S E.

Serois - je affez heureux pour travailler à la
réforme de ces ordres religieux qui obèrent l'état,
& qui propagent la maffe des pareffeux.

L E D E S T I N.

Tu n'auras pas à cet égard de réforme à faire.
Sois bon miniftre, rends-toi digne toujours de la
confiance de ton roi, concilie-toi l'amour de
la nation, & travaille fans relâche aux intérêts
du peuple. Sois laborieux, doux, honnête, aie
de la fermeté, du bons fens, & fur-tout ton

expérience précieuse, je te rends ton caractere primitif.

D'AMBOISE.

Reparoîtrai-je en France avec ce même coftume ?

LE DESTIN..

Oui, & s'il étoit néceffaire, je te donnerois la thyare pour réformer tous les abus.

LE C. D'AMBOISE.

Je ne la défirerois qu'à ce prix.

LE DESTIN.

J'aime les Français, je veux les combler de mes bienfaits ; pour toi, Solon, tu va renaître à la place de ce légiflateur.

SOLON, *au Deftin*.

Divinité, dont la domination eft fi favorable, ou fi fatale aux mortels, ne pouvant m'y fouftraire, vous voulez que je retourne fur terre, & je ne réfifte point à vos décrets ; mais dans quelle contrée prétendez-vous me placer ? vais-je revoir Athènes ? m'enverrez-vous à Rome ?

LE DESTIN.

La ville de Rome, mon fils, a un peu changé de face depuis Titus ; & ce théâtre aujourd'hui conviendroit peu à ton caractère. Qui ferois-tu ? toi qui ne peut fupporter l'hypocrifie, les complots des factieux ; mais il eft une autre contrée qui, à l'opulence près, te retracera Rome & Athènes. C'eft dans la capitale de France.

S O L O N.

En France ! c'eft pour la France que vous me deftinez. Que la porte s'ouvre ; je fuis prêt à partir.

L E D E S T I N.

Va, Solon, va prêcher ta douce morale fous le règne du meilleur des rois. Soutiens la caufe du peuple. Va te couvrir d'une nouvelle gloire. Là, tu trouveras des âmes qui fimpathiferont avec la tienne ; fois prompt, fois vigilant. Que toutes tes vertus reprennent leur première énergie, ou plutôt je te donne les vertus & les talens de cette ombre fière dont nous célébrons aujourd'hui l'arrivée. Si jamais ton antique Anthènes renaît de fa cendre ; je l'enverrai à fon tour y prendre ta place.

M I R A B E A U.

L'exemptez-vous des foibleffes humaines ?

L E D E S T I N.

Je ne prétend l'exempter de rien. Ces erreurs tiennent peut-être, plus qu'on ne croit aux vertus que je lui donne en partage. Qu'il foit bon patriote, courageux, protecteur de la liberté, ami sûr, publiciste éclairé. Je jette un voile sur le reste.

N i n o n d e l ' e n c l o s, *à Mirabeau.*

Apprends-nous donc . . .

D e s i l l e s.

Et ton Traité d'Education Nationale.

T o u t e s l e s O m b r e s, *à la fois.*

Nous brûlons de l'entendre.

H e n r i I V.

Cesse de t'affliger ; voilà deux successeurs pour un . . . .

M i r a b e a u.

C'en est trop pour me remplacer ; je voudrois vous satisfaire ; mais mon cœur est encore si plein, que je ne puis en ce moment que vous exposer le résultat de tous mes principes, & de tous mes écrits.

L e D e s t i n.

Que la fête commence : qu'on lui élève un trône.

H e n r i I V.

Viens, digne soutien de l'empire français ; cette place est réservée à ton génie, à ton amour pour la patrie ; & toutes les ombres vont t'entourer pour t'entendre.

(45)

M I R A B E A U.

Quoi! voudriez-vous me faire monter ici à la tribune.

L o u i s X I V.

La tribune! mais c'eft un trône.

M I R A B E A U, *fur le trône.*

Elle fut de mon vivant plus qu'un trône à mes yeux.

Ombres, qui m'écoutez, & qui vous intéreffez au bonheur de la France, qui defirez connoître & mes travaux & mes opinions fur l'état actuel & futur de ce beau royaume, je vais en deux mots vour en inftruire:

J'ai paffé ma vie à étudier l'efprit de différens gouvernemens. J'ai parcouru l'immenfité de notre antique hiftoire. Plein des grands exemples qu'elle nous offre, je me fuis armé contre le defpotifme; mais j'ai vu d'ailleurs le vice des formes républicaines, & j'ai cherché à en préferver ma patrie régénérée. Tel a été le but principal de tous mes écrits. Puiffe la France n'oublier jamais que la feule forme de gouvernement qui lui convienne, eft une monarchie fagement limitée.

L e D e s t i n.

Qu'on ceigne fon front de la couronne civique.

Deux ombres porrent la couronne.

Madame de S**ÉVIGNÉ**, *prend la couronne & la lui
pose sur la tête.*

Tu l'as méritée.

Ici le chœur commence.

*On enlève Mirabeau sur le trône, & on lui fait
faire le tour du théâtre ; une musique douce &
tendre termine, piano, piano la marche.*

Fin de la pièce.

Se vend,

Chez la veuve Duchesne, rue Saint-Jacques.
Chez la veuve Lesclapart, rue du Roule.
Et chez Girardin, au palais-royal.